The Silence Of The Sand And Other Bilingual Spanish-English Stories for Spanish Language Learners

Pomme Bilingual

Published by Pomme Bilingual, 2024.

While every precaution has been taken in the preparation of this book, the publisher assumes no responsibility for errors or omissions, or for damages resulting from the use of the information contained herein.

THE SILENCE OF THE SAND AND OTHER BILINGUAL SPANISH-ENGLISH STORIES FOR SPANISH LANGUAGE LEARNERS

First edition. August 25, 2024.

ISBN: 979-8224727995

Written by Pomme Bilingual.

Table of Contents

La Última Carrera

El sol se elevaba lentamente sobre el horizonte, dorando la arena del desierto. Era el amanecer de un día que prometía ser infernalmente caluroso. Héctor se arrodilló junto a la pequeña hoguera que había encendido para calentarse durante la noche. El fuego casi se había extinguido, dejando solo brasas que brillaban con un color rojizo. Soplando suavemente, avivó las llamas lo suficiente como para preparar un último café antes de que todo comenzara.

A lo lejos, más allá de las dunas, se veía la línea de salida. Los demás corredores aún no habían llegado, o quizás estaban todavía dormidos, ahorrando fuerzas para la carrera que se avecinaba. Héctor los había visto en la cantina la noche anterior, hablando en susurros sobre la ruta, las estrategias, las probabilidades de ganar. Pero él no necesitaba hablar. Había venido para correr, y sabía que hablar solo agotaba el espíritu.

El aroma del café llenó el aire. Héctor vertió el líquido oscuro en una taza metálica, observando cómo el vapor se elevaba en espirales hacia el cielo despejado. Saboreó el amargo de cada sorbo, sintiendo cómo la bebida caliente lo preparaba para lo que estaba por venir. La carrera no era solo una prueba de velocidad o resistencia. Era una prueba de voluntad, de aguante mental y físico. Y él estaba preparado.

El desierto no ofrecía misericordia. La ruta estaba marcada solo por unas pocas señales apenas visibles, clavadas en el suelo por quienes habían venido antes, y ni siquiera eso era garantía. La arena cambiaba constantemente, alterando el paisaje, como si el propio desierto intentara confundir a quienes se atrevían a desafiarlo. Héctor había recorrido esa ruta antes, pero sabía que nada sería igual. El desierto siempre se mantenía en movimiento, siempre en cambio.

Cuando el café se terminó, se levantó lentamente, estirando sus músculos tensos. A lo lejos, vio cómo los primeros corredores llegaban a la línea de salida. Eran un grupo diverso; algunos jóvenes, otros más viejos, pero todos compartían la misma expresión determinada. Este no era un evento para aficionados. La carrera era conocida por su brutalidad, por haber cobrado más de una vida a lo largo de los años. Sin embargo, cada año, los hombres y mujeres volvían, impulsados por algo que no podían nombrar, algo que los empujaba a enfrentarse al desierto una vez más.

El premio, una bolsa de monedas de oro, no era lo que atraía a la mayoría. Era la gloria, la historia que se contarían los unos a los otros, la leyenda que se crearía en torno a su nombre. Héctor lo sabía, pero también sabía que lo suyo era diferente. No estaba allí por la gloria ni por el oro. Estaba allí para correr, porque correr era lo único que sabía hacer.

Un par de corredores lo saludaron al llegar, inclinando ligeramente la cabeza en reconocimiento. Había corrido con algunos de ellos antes, conocía sus estilos, sus fortalezas y debilidades. No obstante, la amistad se quedaba en la línea de salida. Una vez que la carrera comenzara, todos serían enemigos, luchando no solo entre ellos, sino también contra el desierto mismo.

El cielo comenzó a aclararse, pasando de un tenue azul a un brillante celeste. El calor empezaba a hacerse sentir, y Héctor sabía que sería peor. Se ajustó el pañuelo alrededor del cuello y se colocó las gafas de sol. Era esencial protegerse, pero incluso con todas las precauciones, sabía que la carrera no perdonaría a nadie.

A las nueve en punto, el juez de la carrera se levantó en medio de la línea de salida, una figura esbelta que contrastaba con el paisaje. Levantó la mano derecha, y todos los corredores se alinearon, tensos, preparados para el sonido que desencadenaría la lucha. Héctor se colocó en su posición, sintiendo cómo su corazón comenzaba a acelerarse, pero controlando su respiración, manteniéndola constante. No se permitía pensar en lo que vendría después. Solo importaba el ahora, el siguiente paso, el siguiente aliento.

El disparo resonó en el aire, y la carrera comenzó.

El primer tramo era traicionero, una larga recta de arena que se extendía por más de diez kilómetros. A primera vista parecía fácil, pero la arena fina y suelta dificultaba el avance, hundiendo los pies de los corredores con cada paso. Héctor no trató de tomar la delantera de inmediato; sabía que era inútil gastar energía al principio. Los más jóvenes, aquellos ansiosos por demostrar su velocidad, tomaron la delantera, pero Héctor mantuvo su ritmo, firme, calculado.

El sol subía en el cielo, y con él, la temperatura. El aire se volvió denso, casi irrespirable. Héctor sintió cómo su camiseta se empapaba de sudor, pegándose a su piel, pero no se detuvo. No miraba a los demás, no escuchaba sus jadeos. Estaba solo, concentrado en sus propios pasos, en su propia respiración. El desierto lo rodeaba, una extensión infinita de arena y roca, sin vida, sin piedad.

El primer corredor cayó alrededor del kilómetro quince. Héctor lo vio desplomarse a su izquierda, incapaz de levantarse. No hubo tiempo para detenerse, para ayudar. Era la regla no escrita de la carrera: si caías, quedabas fuera. Era cruel, pero así era el desierto. Otros corredores lo siguieron poco después, agotados por el calor, la fatiga o simplemente por el desánimo. Héctor avanzaba sin prisa, sin pausa, dejando que la carrera cobrara sus víctimas.

El paisaje comenzó a cambiar, las dunas de arena dieron paso a una vasta extensión de rocas y grietas. El terreno se volvía más traicionero, más fácil para tropezar y caer. Héctor sabía que aquí era donde se ganaba la carrera. Mantuvo su ritmo, sus ojos fijos en el suelo, evitando los obstáculos que podrían acabar con su carrera en un instante. Se desplazaba con cuidado, como si el desierto fuera una bestia dormida que no debía ser despertada.

El calor continuaba implacable. Héctor sintió que su boca se secaba, que cada respiración le quemaba la garganta. Había reservado agua, racionándola con precisión, pero incluso eso comenzaba a escasear. Sin embargo, no se permitía pensar en ello. Su enfoque estaba en el siguiente paso, en el siguiente obstáculo. Era lo único que importaba.

Finalmente, después de lo que parecieron horas, Héctor divisó la siguiente señal de la carrera, una pequeña bandera blanca ondeando en la cima de una colina rocosa. Su corazón dio un vuelco. Era un hito importante, uno que muchos no llegarían a alcanzar. Con esfuerzo, comenzó el ascenso, sintiendo cómo sus músculos protestaban, cómo cada paso se volvía más difícil que el anterior. Pero siguió adelante, impulsado por una fuerza que no comprendía del todo.

Al llegar a la cima, Héctor se detuvo un momento, contemplando el desierto que se extendía a sus pies. Había dejado atrás a la mayoría de los corredores, solo unos pocos seguían adelante, desperdigados en la distancia. Desde allí, podía ver la última parte de la carrera, una extensión aparentemente interminable de arena que terminaba en un pequeño oasis. Era el final, el lugar donde todo terminaría, para bien o para mal.

Sin perder más tiempo, Héctor comenzó el descenso. Sabía que no podía detenerse, que cualquier momento de duda podría costarle la carrera. El oasis se acercaba lentamente, pero cada paso se volvía más pesado, más difícil. El sol estaba en su cenit, ardiendo con una furia que parecía personal. Héctor sentía cómo sus fuerzas comenzaban a flaquear, pero no cedió. Estaba cerca, tan cerca que podía casi saborear el agua fresca que lo esperaba al final.

A lo lejos, vio a uno de los corredores, un hombre joven que había tomado la delantera al principio. Se movía con dificultad, tambaleándose, casi arrastrándose por la arena. Héctor lo alcanzó con rapidez, y cuando pasó junto a él, el joven levantó la vista. Sus ojos estaban enrojecidos, llenos de desesperación. No dijo nada, pero su mirada lo decía todo: había perdido.

Héctor no se detuvo. No podía. Sentía su cuerpo al borde del colapso, sus músculos gritando por el esfuerzo. Pero siguió adelante, impulsado por una voluntad que no comprendía del todo. El oasis estaba cerca, tan cerca que parecía imposible no alcanzarlo.

Finalmente, después de lo que pareció una eternidad, cruzó la línea de meta. El mundo a su alrededor se desvaneció en un torbellino de sombras y luz. Sintió cómo sus piernas cedían, cómo el suelo se acercaba rápidamente a su rostro. La arena estaba fría bajo su cuerpo, y lo último que vio antes de perder el conocimiento fue el cielo azul, implacable y eterno.

Cuando despertó, el sol estaba bajando en el horizonte, pintando el cielo de un color naranja profundo. Héctor parpadeó, intentando recordar dónde estaba, qué había pasado. Se encontraba en

el oasis, tumbado en la arena junto a una pequeña tienda de campaña. Una figura se acercó, ofreciéndole una cantimplora con agua. Bebió con avidez, sintiendo cómo el líquido fresco le devolvía algo de vida.

—Ganaste —dijo la figura, un hombre mayor con un rostro curtido por el sol—. Eres el primero en llegar.

Héctor asintió, incapaz de decir nada. No era la victoria lo que importaba. No eran las monedas de oro que ahora le pertenecían. Era el hecho de que había corrido, de que había enfrentado al desierto y había sobrevivido. Por ahora, eso era suficiente.

El hombre mayor se retiró, dejándolo solo. Héctor se quedó tumbado, mirando cómo el sol desaparecía detrás de las dunas. El día se había terminado, y con él, la carrera. Pero el desierto seguía allí, implacable, esperando a los próximos corredores que se atreverían a desafiarlo.

Cerró los ojos, sintiendo cómo el sueño lo reclamaba. Sabía que volvería, que no podía evitarlo. El desierto lo llamaba, y aunque no podía explicarlo, sabía que respondería. Porque correr era lo único que sabía hacer, y mientras pudiera correr, seguiría respondiendo a ese llamado.

The Last Race

The sun slowly rose above the horizon, gilding the desert sand. It was the dawn of a day that promised to be infernally hot. Héctor knelt beside the small fire he had lit to keep warm during the night. The fire had almost gone out, leaving only embers glowing a reddish hue. Gently blowing, he fanned the flames just enough to prepare one last coffee before everything began.

In the distance, beyond the dunes, the starting line could be seen. The other runners had not yet arrived, or perhaps they were still asleep, saving their strength for the race ahead. Héctor had seen them in the cantina the night before, whispering about the route, strategies, and the odds of winning. But he didn't need to talk. He had come to run, and he knew that talking only drained the spirit.

The aroma of coffee filled the air. Héctor poured the dark liquid into a metal cup, watching as the steam spiraled up into the clear sky. He savored the bitterness of each sip, feeling how the hot drink prepared him for what was to come. The race was not just a test of speed or endurance. It was a test of will, of mental and physical stamina. And he was ready.

The desert offered no mercy. The route was marked only by a few barely visible signs, stuck in the ground by those who had come before, and even that was no guarantee. The sand constantly changed, altering the landscape, as if the desert itself was trying to confuse those who dared to challenge it. Héctor had traveled that route before, but he knew nothing would be the same. The desert was always in motion, always changing.

When the coffee was finished, he stood up slowly, stretching his tense muscles. In the distance, he saw the first runners arriving at the starting line. They were a diverse group; some young, others older, but all shared the same determined expression. This was not an event for amateurs. The race was known for its brutality, for having claimed more than one life over the years. Yet, each year, men and women returned, driven by something they couldn't name, something that pushed them to face the desert once again.

The prize, a bag of gold coins, was not what attracted most. It was the glory, the story they would tell each other, the legend that would be created around their name. Héctor knew this, but he also knew that his reason was different. He wasn't there for glory or gold. He was there to run because running was the only thing he knew how to do.

A couple of runners greeted him as they arrived, nodding slightly in recognition. He had run with some of them before; he knew their styles, their strengths, and weaknesses. However, friendship stayed at the starting line. Once the race began, they would all be enemies, fighting not only against each other but also against the desert itself.

The sky began to brighten, shifting from a faint blue to a bright cerulean. The heat was beginning to set in, and Héctor knew it would get worse. He adjusted the scarf around his neck and put on his sunglasses. Protection was essential, but even with all precautions, he knew the race would spare no one.

At nine o'clock, the race judge stood in the middle of the starting line, a slender figure contrasting with the landscape. He raised his right hand, and all the runners lined up, tense, ready for the sound that would unleash the battle. Héctor took his position, feeling his heart begin to race, but controlling his breathing, keeping it steady. He didn't allow himself to think about what would come next. Only the now mattered, the next step, the next breath.

The shot echoed in the air, and the race began.

The first stretch was treacherous, a long straight of sand that stretched for more than ten kilometers. At first glance, it seemed easy, but the fine, loose sand made progress difficult, sinking the runners' feet with each step. Héctor didn't try to take the lead immediately; he knew it was useless to waste energy at the start. The younger ones, those eager to prove their speed, took the lead, but Héctor maintained his pace, steady, calculated.

The sun rose higher in the sky, and with it, the temperature. The air became dense, almost unbreathable. Héctor felt his shirt soak with sweat, clinging to his skin, but he didn't stop. He didn't look at the others, didn't listen to their panting. He was alone, focused on his own steps, on his own breathing. The desert surrounded him, an endless expanse of sand and rock, lifeless, merciless.

The first runner fell around the fifteenth kilometer. Héctor saw him collapse to his left, unable to get up. There was no time to stop, to help. It was the unwritten rule of the race: if you fell, you were out. It was cruel, but that's how the desert was. Other runners followed shortly after, exhausted by the heat, fatigue, or simply by despair. Héctor pressed on without hurry, without pause, letting the race claim its victims.

The landscape began to change, the sand dunes giving way to a vast expanse of rocks and crevices. The terrain became more treacherous, easier to trip and fall. Héctor knew this was where the race was won. He kept his pace, his eyes fixed on the ground, avoiding obstacles that could end his race in an instant. He moved carefully, as if the desert were a sleeping beast that shouldn't be awakened.

The heat continued relentlessly. Héctor felt his mouth dry out, each breath burning his throat. He had reserved water, rationing it precisely, but even that was running low. However, he didn't allow himself to think about it. His focus was on the next step, on the next obstacle. It was all that mattered.

Finally, after what seemed like hours, Héctor spotted the next race marker, a small white flag waving atop a rocky hill. His heart leaped. It was an important milestone, one that many would not reach. With effort, he began the ascent, feeling his muscles protest, each step becoming more difficult than the last. But he kept going, driven by a force he didn't fully understand.

When he reached the top, Héctor paused for a moment, gazing at the desert stretching out below. He had left most of the runners behind, only a few still pressing on, scattered in the distance. From there, he could see the final part of the race, a seemingly endless stretch of sand that ended in a small oasis. It was the end, the place where everything would end, for better or worse.

Without wasting more time, Héctor began the descent. He knew he couldn't stop, that any moment of doubt could cost him the race. The oasis was slowly drawing closer, but each step grew heavier, more difficult. The sun was at its peak, burning with a fury that seemed personal. Héctor felt his strength beginning to wane, but he didn't give in. He was close, so close he could almost taste the fresh water waiting at the end.

In the distance, he saw one of the runners, a young man who had taken the lead at the beginning. He was moving with difficulty, staggering, almost crawling through the sand. Héctor caught up with him quickly, and as he passed by, the young man looked up. His eyes were bloodshot, filled with desperation. He said nothing, but his look said it all: he had lost.

Héctor didn't stop. He couldn't. He felt his body on the brink of collapse, his muscles screaming from the effort. But he kept going, driven by a will he didn't fully understand. The oasis was near, so near it seemed impossible not to reach it.

Finally, after what felt like an eternity, he crossed the finish line. The world around him blurred into a whirlwind of shadows and light. He felt his legs give way, the ground rushing up to meet his face. The sand was cool beneath his body, and the last thing he saw before losing consciousness was the blue sky, relentless and eternal.

When he awoke, the sun was setting on the horizon, painting the sky a deep orange. Héctor blinked, trying to remember where he was, what had happened. He was in the oasis, lying on the sand next to a small tent. A figure approached, offering him a canteen of water. He drank eagerly, feeling the cool liquid bring some life back into him.

"You won," said the figure, an older man with a sun-worn face. "You were the first to arrive."

Héctor nodded, unable to say anything. The victory wasn't what mattered. It wasn't the gold coins that now belonged to him. It was the fact that he had run, that he had faced the desert and survived. For now, that was enough.

The older man walked away, leaving him alone. Héctor remained lying down, watching as the sun disappeared behind the dunes. The day was over, and with it, the race. But the desert remained, relentless, waiting for the next runners who would dare to challenge it.

He closed his eyes, feeling sleep claim him. He knew he would return, that he couldn't avoid it. The desert called to him, and though he couldn't explain it, he knew he would answer. Because running was the only thing he knew how to do, and as long as he could run, he would keep answering that call.

El Silencio de los Pescadores

El sol se encontraba bajo en el horizonte, tiñendo el cielo con tonos cálidos de naranja y púrpura mientras descendía lentamente hacia el mar. La brisa marina acariciaba las caras de los hombres que se preparaban para zarpar, su ligera frescura contrastando con el calor del día. La pequeña aldea costera, situada en una bahía tranquila, permanecía en silencio, como si sus habitantes supieran que la noche traería consigo más que la oscuridad.

Santiago y Manuel eran los últimos en subir a su barco. Lo habían hecho durante años, tantos que apenas podían recordar la primera vez que salieron juntos al mar. Su barco era viejo, un cascarón de madera que había resistido tempestades y tormentas, pero que ahora crujía bajo el peso de los años y las innumerables reparaciones. Aun así, Santiago confiaba en él. Conocía cada tabla, cada nudo, cada cicatriz en el casco. Era un viejo amigo, y como él, estaba cansado, pero no vencido.

Manuel, más joven pero no por ello menos experimentado, se aseguró de que todo estuviera en su lugar antes de dar la señal para partir. No se necesitaban palabras entre ellos; una mirada, un gesto, eran suficientes para comunicarse. Habían compartido demasiadas noches en alta mar, bajo el mismo cielo estrellado, para necesitar más. En silencio, desataron las cuerdas que sujetaban el barco al muelle y, con un esfuerzo conjunto, comenzaron a remar hacia el vasto océano que se extendía ante ellos.

El motor del barco rugió a la vida con un sonido grave, y lentamente, comenzaron a alejarse de la orilla. El agua salpicaba suavemente contra el casco, creando un ritmo constante que se mezclaba con el murmullo del viento y el susurro del mar. Los dos hombres permanecieron en silencio, concentrados en sus tareas. Santiago, con las manos firmemente sujetas al timón, guiaba el barco por las aguas aún tranquilas, mientras Manuel se encargaba de revisar las redes y los aparejos.

El día se desvaneció rápidamente, y pronto la oscuridad envolvió al barco, solo rota por la luz tenue de la luna que se reflejaba en las olas. Era una noche clara, sin nubes, y las estrellas brillaban con intensidad en el cielo. Santiago alzó la vista un momento, reconociendo constelaciones que le habían servido de guía en tantas otras noches. Sabía que, aunque el mar podía ser traicionero, la noche sería calmada. El viento soplaba con suavidad, y las olas eran apenas un murmullo lejano.

Pasaron varias horas antes de que Manuel rompiera el silencio.

—Esta noche, puede que sea diferente —dijo en voz baja, casi como si hablara consigo mismo.

Santiago no respondió de inmediato. Conocía bien a Manuel, sabía que si lo decía, era porque sentía algo en sus entrañas. No era un hombre dado a las palabras vacías ni a las supersticiones. Pero había una inquietud en su tono, algo que Santiago no podía ignorar.

—¿Qué te hace pensar eso? —preguntó finalmente, sin apartar la vista del horizonte.

Manuel se encogió de hombros, aunque en la oscuridad su gesto pasó desapercibido.

—El mar —dijo—. Hay algo en el aire, en la forma en que se mueven las olas. Es como si el océano estuviera esperando algo.

Santiago no respondió de inmediato. Las palabras de Manuel le hicieron recordar otras noches, otras veces en que habían salido a pescar y el mar había mostrado su verdadero rostro. Sabía que el océano era un ente vivo, cambiante, que podía ser generoso y cruel en igual medida. Sin embargo, también sabía que las preocupaciones no servirían de nada. Estaban allí para trabajar, y nada más.

—El mar siempre está esperando algo —dijo finalmente—. Y nosotros estamos aquí para lo que venga.

Manuel asintió en silencio, comprendiendo la simple verdad en las palabras de su compañero. Volvió a centrarse en sus tareas, revisando los nudos y las redes con manos expertas. El barco continuó su avance, internándose cada vez más en la oscuridad del océano, hasta que la costa desapareció por completo, quedando solo la vasta extensión del agua y el cielo.

Cuando finalmente llegaron al punto que habían marcado en el mapa, Santiago cortó el motor, y el barco se deslizó silenciosamente sobre el agua. El sonido del motor dio paso a un profundo silencio, roto solo por el suave chapoteo de las olas contra el casco. Santiago y Manuel trabajaron en conjunto, dejando caer las redes al agua con movimientos precisos y coordinados. Sabían que allí, en la oscuridad del mar, podían encontrar la pesca que los sostendría por semanas.

Mientras las redes se sumergían en el agua, los dos hombres tomaron asiento, dejando que el barco se balanceara ligeramente con el movimiento de las olas. El silencio que los rodeaba no era incómodo; era el silencio de dos hombres que comprendían el poder del océano, que sabían que el ruido podía atraer lo que no deseaban encontrar. Fumaron en silencio, el humo de sus cigarrillos elevándose en espirales hacia el cielo estrellado.

El tiempo pasó lentamente. Las horas se deslizaban como la marea, y aunque no lo mencionaron, ambos sabían que había algo diferente en esa noche. No era el viento, que seguía suave, ni las olas, que se mantenían calmadas. Era una sensación en el aire, un presagio que ninguno de los dos podía definir, pero que sentían en lo más profundo de su ser.

Finalmente, Santiago se levantó y comenzó a recoger las redes. Lo hizo con la misma precisión de siempre, pero a medida que las redes salían del agua, su rostro se endurecía. Estaban vacías. Las alzó por completo, una tras otra, y todas estaban igual. Ningún pez, ningún signo de vida. Manuel lo observaba en silencio, sin hacer comentarios. Sabían que el mar podía ser así, caprichoso y desolador.

—No es nuestro día —dijo Santiago finalmente, arrojando la última red vacía sobre la cubierta.

Manuel asintió, pero no dijo nada. Sabía que no tenía sentido insistir. Si el mar no les daba nada, no había mucho más que hacer. Recogieron el equipo en silencio, preparándose para regresar a la aldea.

Sin embargo, mientras se ocupaban de sus tareas, un sonido extraño rompió la quietud de la noche. Era un crujido bajo, profundo, que resonó a través del casco del barco. Ambos hombres se detuvieron, mirando a su alrededor, buscando la fuente del ruido. El sonido se repitió, más fuerte esta vez, como si algo se moviera debajo de ellos.

Santiago y Manuel intercambiaron una mirada. No era el sonido de un pez ni de una ballena. Era algo diferente, algo que ninguno de los dos había oído antes. Santiago se acercó al borde del barco, mirando hacia el agua oscura, pero no vio nada. Solo la negrura del mar que se extendía en todas direcciones.

—¿Qué fue eso? —preguntó Manuel en voz baja.

—No lo sé —respondió Santiago—. Pero sea lo que sea, no quiero averiguarlo.

Encendieron el motor de inmediato, dejando que el rugido del mismo ahogara el misterioso sonido. Santiago giró el timón, dirigiendo el barco de regreso hacia la costa. Ambos hombres permanecieron en silencio, atentos a cualquier otro ruido, cualquier otro indicio de que no estaban solos en esas aguas.

El viaje de regreso fue tenso. El silencio que antes había sido cómodo ahora estaba cargado de una incertidumbre que se adhería a ellos como una sombra. Las estrellas seguían brillando en el cielo, indiferentes a lo que ocurría abajo, pero el mar había cambiado. Las olas, aunque aún suaves, parecían más pesadas, como si arrastraran algo invisible bajo su superficie.

Cuando finalmente divisaron las luces de la aldea en la distancia, ambos hombres sintieron un alivio que no quisieron admitir. Era absurdo, se decían a sí mismos, tener miedo de lo que no se podía ver, de lo que no se podía entender. Pero el mar había hablado esa noche, y su mensaje no era uno de bienvenida.

Al llegar al muelle, amarraron el barco en silencio. Manuel se giró hacia Santiago antes de bajar.

—¿Lo mencionaremos? —preguntó, refiriéndose al sonido extraño.

Santiago negó con la cabeza.

—No hay nada que decir. El mar tiene sus secretos, y nosotros tenemos los nuestros.

Manuel asintió, comprendiendo. Ambos sabían que había cosas que era mejor dejar sin nombrar, cosas que no debían ser traídas a la luz. Bajaron del barco y caminaron juntos hacia el pueblo, dejando atrás el océano, que ahora estaba en completo silencio, como si nunca hubiera habido nada extraño en sus aguas.

Al llegar a la pequeña taberna donde se reunían los pescadores después de una noche en el mar, los demás hombres los saludaron con gestos cansados, levantando vasos de vino en su dirección. Santiago y Manuel se sentaron en la barra, pidiendo lo mismo. El camarero, un hombre de pocas palabras, les sirvió sin preguntar nada, porque sabía que si querían hablar, lo harían cuando estuvieran listos.

Pero esa noche, Santiago y Manuel no dijeron nada. Compartieron su vino en silencio, observando el fuego crepitar en la chimenea, escuchando las conversaciones a su alrededor, que parecían distantes y ajenas. Cuando terminaron, se levantaron y se despidieron de los demás con un gesto de la mano, dirigiéndose cada uno a su hogar, donde sus esposas los esperaban, sin hacer preguntas.

Esa noche, Santiago no durmió bien. Se giraba en su cama, los pensamientos girando en su cabeza como un remolino. Intentaba recordar el sonido, ese crujido profundo, pero cuanto más lo intentaba, más se escapaba de su mente. Era como si el mar, al igual que con los peces, también le hubiera arrebatado la memoria de lo que había oído.

A la mañana siguiente, el cielo estaba nublado, y el mar golpeaba la costa con más fuerza de la habitual. Santiago se levantó temprano, como siempre, pero en lugar de ir al barco, se dirigió a la pequeña iglesia del pueblo. No era un hombre religioso, pero sentía la necesidad de encender una vela, de hacer algo que le permitiera recuperar la paz que el mar le había arrebatado.

Dentro de la iglesia, el silencio era denso, pesado, como el de la noche anterior. Santiago encendió una vela y se quedó un momento en silencio, observando la pequeña llama parpadear. Pensó en lo que había oído, en lo que había sentido, y se dio cuenta de que no importaba si lo entendía o no. El mar era así, un misterio que no podía ser descifrado, un ser vivo que respiraba y latía con una fuerza que superaba la comprensión humana.

Cuando salió de la iglesia, el viento había aumentado, y las olas rompían con fuerza contra las rocas. Santiago miró hacia el horizonte, donde el mar se extendía hasta perderse de vista. Sabía que volvería, que no podía evitarlo. El mar era su vida, y aunque podía ser cruel, también era lo único que conocía. Regresaría al barco, con Manuel, y seguirían pescando, aunque el océano decidiera guardar sus secretos para siempre.

The Silence of the Fishermen

The sun hung low on the horizon, painting the sky with warm shades of orange and purple as it slowly descended toward the sea. The sea breeze caressed the faces of the men who were preparing to set sail, its slight coolness contrasting with the day's heat. The small coastal village, nestled in a tranquil bay, remained silent, as if its inhabitants knew that the night would bring more than just darkness.

Santiago and Manuel were the last to board their boat. They had done so for years, so many that they could hardly remember the first time they went out to sea together. Their boat was old, a wooden shell that had withstood tempests and storms but now creaked under the weight of years and countless repairs. Still, Santiago trusted it. He knew every plank, every knot, every scar on the hull. It was an old friend, and like him, it was tired but not defeated.

Manuel, younger but no less experienced, ensured that everything was in place before signaling to depart. They didn't need words between them; a glance, a gesture, was enough to communicate. They had shared too many nights at sea, under the same starry sky, to need more. In silence, they untied the ropes securing the boat to the dock, and with a joint effort, began rowing toward the vast ocean stretching before them.

The boat's engine roared to life with a deep sound, and slowly, they began to move away from the shore. The water gently splashed against the hull, creating a steady rhythm that blended with the murmur of the wind and the whisper of the sea. The two men remained silent, focused on their tasks. Santiago, with his hands firmly on the helm, steered the boat through the still calm waters, while Manuel tended to the nets and gear.

The day faded quickly, and soon darkness enveloped the boat, broken only by the faint light of the moon reflecting on the waves. It was a clear night, without clouds, and the stars shone brightly in the sky. Santiago looked up for a moment, recognizing constellations that had guided him on many other nights. He knew that, although the sea could be treacherous, the night would be calm. The wind blew gently, and the waves were barely a distant murmur.

Several hours passed before Manuel broke the silence.

"Tonight might be different," he said in a low voice, almost as if speaking to himself.

Santiago didn't respond immediately. He knew Manuel well, knew that if he said it, it was because he felt something in his gut. He wasn't a man given to empty words or superstitions. But there was an unease in his tone, something Santiago couldn't ignore.

"What makes you think that?" Santiago finally asked, not taking his eyes off the horizon.

Manuel shrugged, though in the darkness, his gesture went unnoticed.

"The sea," he said. "There's something in the air, in the way the waves move. It's as if the ocean is waiting for something."

Santiago didn't reply immediately. Manuel's words reminded him of other nights, other times when they had gone fishing and the sea had shown its true face. He knew that the ocean was a living entity, changing, that could be generous and cruel in equal measure. However, he also knew that worries would be of no use. They were there to work, and nothing else.

"The sea is always waiting for something," he finally said. "And we're here for whatever comes."

Manuel nodded in silence, understanding the simple truth in his companion's words. He returned to his tasks, checking the knots and nets with expert hands. The boat continued its advance, venturing deeper into the ocean's darkness until the coast disappeared entirely, leaving only the vast expanse of water and sky.

When they finally reached the point they had marked on the map, Santiago cut the engine, and the boat glided silently over the water. The sound of the engine gave way to a deep silence, broken only by the gentle splashing of waves against the hull. Santiago and Manuel worked together, lowering the nets into the water with precise and coordinated movements. They knew that there, in the darkness of the sea, they could find the catch that would sustain them for weeks.

As the nets sank into the water, the two men sat down, letting the boat sway slightly with the movement of the waves. The silence surrounding them wasn't uncomfortable; it was the silence of two men who understood the power of the ocean, who knew that noise could attract what they didn't want to find. They smoked in silence, the smoke from their cigarettes rising in spirals toward the starry sky.

Time passed slowly. The hours slipped by like the tide, and though they didn't mention it, both knew that something was different that night. It wasn't the wind, still gentle, nor the waves, still calm. It was a feeling in the air, a premonition neither could define but felt deep within their beings.

Finally, Santiago stood up and began to pull in the nets. He did so with the same precision as always, but as the nets came out of the water, his face hardened. They were empty. He pulled them up completely, one after another, and all were the same. No fish, no sign of life. Manuel watched him in silence, without comment. They knew that the sea could be like that, capricious and desolate.

"It's not our day," Santiago finally said, throwing the last empty net onto the deck.

Manuel nodded but said nothing. He knew there was no point in insisting. If the sea gave them nothing, there wasn't much else to do. They packed up the equipment in silence, preparing to return to the village.

However, as they went about their tasks, a strange sound broke the night's stillness. It was a low, deep creaking that resonated through the boat's hull. Both men stopped, looking around, searching for the source of the noise. The sound repeated, louder this time, as if something was moving beneath them.

Santiago and Manuel exchanged a look. It wasn't the sound of a fish or a whale. It was something different, something neither of them had heard before. Santiago approached the edge of the boat, peering into the dark water, but saw nothing. Just the blackness of the sea stretching in all directions.

"What was that?" Manuel asked in a low voice.

"I don't know," Santiago replied. "But whatever it is, I don't want to find out."

They started the engine immediately, letting its roar drown out the mysterious sound. Santiago turned the helm, steering the boat back toward the coast. Both men remained silent, alert for any other noise, any other sign that they weren't alone in those waters.

The journey back was tense. The silence that had once been comfortable was now filled with an uncertainty that clung to them like a shadow. The stars still shone in the sky, indifferent to what was happening below, but the sea had changed. The waves, though still gentle, seemed heavier, as if they were dragging something invisible beneath their surface.

When they finally spotted the village lights in the distance, both men felt a relief they didn't want to admit. It was absurd, they told themselves, to be afraid of what couldn't be seen, of what couldn't be understood. But the sea had spoken that night, and its message wasn't a welcoming one.

Upon reaching the dock, they moored the boat in silence. Manuel turned to Santiago before disembarking.

"Will we mention it?" he asked, referring to the strange sound.

Santiago shook his head.

"There's nothing to say. The sea has its secrets, and we have ours."

Manuel nodded, understanding. Both knew that some things were better left unspoken, things that shouldn't be brought to light. They disembarked and walked together toward the village, leaving behind the ocean, now in complete silence, as if nothing strange had ever been in its waters.

When they reached the small tavern where fishermen gathered after a night at sea, the other men greeted them with tired gestures, raising glasses of wine in their direction. Santiago and Manuel sat at the bar, ordering the same. The bartender, a man of few words, served them without asking anything, knowing that if they wanted to talk, they would do so when ready.

But that night, Santiago and Manuel said nothing. They shared their wine in silence, watching the fire crackle in the fireplace, listening to the conversations around them, which seemed distant and foreign. When they finished, they stood up and bade the others farewell with a wave, each heading to his home, where their wives waited, without asking questions.

That night, Santiago didn't sleep well. He tossed and turned in his bed, thoughts swirling in his head like a whirlpool. He tried to remember the sound, that deep creak, but the more he tried, the more it slipped from his mind. It was as if the sea, just as with the fish, had also taken the memory of what he had heard.

The next morning, the sky was cloudy, and the sea crashed against the shore with more force than usual. Santiago got up early, as always, but instead of going to the boat, he headed to the village's small church. He wasn't a religious man, but he felt the need to light a candle, to do something that would allow him to regain the peace the sea had taken from him.

Inside the church, the silence was thick, heavy, like the one from the previous night. Santiago lit a candle and stood in silence for a moment, watching the small flame flicker. He thought about what he had heard, what he had felt, and realized it didn't matter if he understood it or not. The sea was like that, a mystery that couldn't be deciphered, a living being that breathed and pulsed with a force beyond human comprehension.

When he left the church, the wind had picked up, and the waves were crashing hard against the rocks. Santiago looked toward the horizon, where the sea stretched out as far as the eye could see. He knew he would return, that he couldn't avoid it. The sea was his life, and though it could be cruel, it was also the only thing he knew. He would return to the boat, with Manuel, and they would continue fishing, even if the ocean decided to keep its secrets forever.

La Última Tormenta

Carlos miró al cielo desde la cubierta del barco, sintiendo el viento salobre que comenzaba a arremolinarse alrededor de él. Las nubes, negras y densas, se acercaban desde el horizonte, amenazando con desatar toda su furia sobre el océano. Estaba solo en su barco, un pequeño pesquero que había pertenecido a su padre y a su abuelo antes de él. La madera estaba gastada por el tiempo y la sal, pero Carlos confiaba en su embarcación. Conocía cada grieta, cada muesca en el casco. Este barco lo había llevado a través de tormentas peores, y siempre había regresado a salvo.

Era un hombre de pocas palabras, al igual que su padre y su abuelo. La vida en el mar no dejaba mucho espacio para las palabras. Se trataba de acción, de tomar decisiones rápidas y de enfrentarse a la furia de la naturaleza con una calma que solo se adquiría con los años. Carlos había aprendido desde joven a no temerle al mar, sino a respetarlo. Sabía que la única forma de sobrevivir en el océano era entender que era un ser vivo, impredecible y poderoso.

El día había comenzado tranquilo. El sol había salido por la mañana, pintando el cielo de un azul claro que prometía una jornada de pesca fructífera. Pero al mediodía, Carlos había notado un cambio en el aire. El viento había girado, soplando desde el oeste con más fuerza de lo habitual, y las aves, siempre fieles compañeras, habían desaparecido de repente. Carlos sabía que eso solo podía significar una cosa: tormenta.

Decidió no regresar a la costa de inmediato. Sabía que aún tenía tiempo antes de que la tormenta los alcanzara. Además, la pesca había sido escasa últimamente, y necesitaba más que nunca un buen día en el mar. Si no regresaba con suficientes peces, la semana sería dura, tanto para él como para la pequeña comunidad pesquera que dependía de sus capturas.

Durante horas, Carlos arrojó y recogió las redes, concentrado en su trabajo, manteniendo un ojo en el horizonte donde las nubes se acercaban lentamente. Finalmente, cuando las primeras gotas de lluvia comenzaron a caer, decidió que era hora de volver. Recogió las redes y encendió el motor del barco, dirigiéndolo hacia la costa que ya no se veía a la distancia, oculta por la bruma.

El mar, que había estado relativamente tranquilo durante la mañana, comenzó a agitarse. Las olas se alzaban, golpeando con fuerza el casco del barco, y el viento, que antes era solo una brisa, ahora soplaba con furia, arrancando la lluvia del cielo en ráfagas que azotaban la cara de Carlos. Se cubrió con su viejo impermeable, ajustando el timón con manos firmes y experimentadas. No era la primera vez que enfrentaba una tormenta en el mar, y sabía lo que tenía que hacer.

A medida que la tormenta empeoraba, el mundo se redujo al pequeño espacio de su barco, rodeado por un océano enfurecido. Las olas se levantaban como murallas líquidas, y cada vez que el barco subía y bajaba con el movimiento del mar, Carlos sentía que estaba peleando contra un enemigo invisible. El viento aullaba, y la lluvia caía en cortinas espesas que reducían la visibilidad a casi nada. Pero Carlos mantenía el rumbo, con la esperanza de que el viejo barco, que había sobrevivido a tantas otras tormentas, resistiera una vez más.

Los minutos se hicieron eternos mientras luchaba contra los elementos. En algún momento, perdió la noción del tiempo. Solo sabía que tenía que seguir, tenía que mantenerse firme. La tormenta era implacable, pero Carlos también lo era. Se aferró al timón como si su vida dependiera de ello, porque en realidad, dependía. Sabía que si perdía el control del barco, si permitía que la tormenta lo desviara de su curso, las consecuencias podrían ser fatales.

El motor rugía con esfuerzo, empujando el barco hacia adelante a través de la furia del mar. Pero justo cuando Carlos comenzaba a sentir un atisbo de esperanza, un sonido ominoso resonó desde el corazón de la embarcación. Era un crujido profundo, un lamento de madera y metal que hacía eco en medio del rugido de la tormenta. Carlos sabía lo que significaba. El motor estaba fallando.

La realidad de la situación golpeó a Carlos con la fuerza de una ola. Si el motor fallaba por completo, quedaría a merced del mar, sin posibilidad de controlar su destino. Las historias de pescadores perdidos en el mar cruzaron por su mente, hombres que nunca regresaron, cuyos barcos fueron encontrados meses después, destrozados en costas lejanas. Pero Carlos no era un hombre que se rendía fácilmente. Apretó los dientes y se dispuso a hacer lo que fuera necesario para sobrevivir.

Con el barco oscilando peligrosamente, Carlos se lanzó hacia el compartimiento del motor. El agua salpicaba en todas direcciones, y la cubierta estaba resbaladiza bajo sus pies, pero logró abrir la escotilla y bajar al estrecho espacio donde el motor gruñía y chasqueaba. El calor era insoportable, mezclado con el olor a aceite y combustible. Carlos trabajó rápido, revisando los componentes, buscando la causa del problema. Sus manos se movían con la precisión de años de experiencia, pero el tiempo se agotaba, y lo sabía.

Finalmente, encontró el problema: una válvula rota, vital para el funcionamiento del motor. No tenía una de repuesto, pero eso no lo detuvo. Sabía que tenía que improvisar, que su vida dependía de ello. Con manos firmes, comenzó a trabajar en una solución temporal, utilizando las herramientas y piezas de repuesto que tenía a bordo. No era una reparación perfecta, pero esperaba que fuera suficiente para mantener el motor en marcha hasta llegar a tierra.

El tiempo se estiró, y cada segundo que pasaba, la tormenta parecía intensificarse. Pero finalmente, Carlos escuchó el sonido que había estado esperando: el motor volvió a la vida, primero con un gemido tembloroso, y luego con un rugido constante. No era perfecto, pero estaba funcionando. Subió de nuevo a la cubierta, cerrando la escotilla detrás de él, y se dirigió al timón, sintiendo un renovado sentido de propósito.

El mar seguía furioso, pero Carlos no dejó que el miedo lo dominara. Con el motor funcionando de nuevo, dirigió el barco hacia la costa, luchando contra cada ola, contra cada ráfaga de viento. Sabía que estaba cerca, aunque no podía ver la tierra. Podía sentirlo en sus huesos, en la forma en que las olas cambiaban, en la dirección del viento. El viejo barco crujía y gemía, pero se mantenía firme, resistiendo cada embate del océano.

Y entonces, como si el mismo mar hubiera decidido que ya había sido suficiente, la tormenta comenzó a ceder. Las olas disminuyeron su furia, el viento se calmó, y la lluvia se convirtió en una llovizna ligera. Carlos no bajó la guardia; sabía que las tormentas podían tener un último estallido de furia antes de morir, pero con cada minuto que pasaba, el mar se volvía más tranquilo.

Finalmente, la costa apareció en el horizonte, oscura y apenas visible a través de la lluvia, pero inconfundible. Carlos sintió una ola de alivio, pero no dejó que lo abrumara. Sabía que aún quedaba trabajo por hacer. Con movimientos cuidadosos, guió el barco hacia el puerto, maniobrando entre las rocas que protegían la entrada. Cuando finalmente entró en la bahía, el agua se volvió casi tan suave como el aceite, y el viento era poco más que un susurro.

Amarró el barco al muelle con manos temblorosas, pero firmes. La tormenta había pasado, pero su cuerpo aún estaba cargado de la adrenalina de la lucha. Se quedó un momento en la cubierta, respirando profundamente, dejando que el aire fresco de la noche llenara sus pulmones. La aldea estaba en silencio, sus luces brillaban a lo lejos como pequeños faros en la oscuridad. Carlos sabía que su jornada había terminado, que había vencido a la tormenta, pero también sabía que volvería a enfrentarse a otras en el futuro.

Bajó del barco, sus botas resonando en el muelle de madera. Se dirigió hacia su casa, una pequeña cabaña en la orilla del pueblo, donde su esposa lo esperaba con la misma paciencia de siempre. No intercambiaron muchas palabras cuando llegó. Ella le sirvió un plato de sopa caliente y se sentó a su lado, en silencio. Carlos comió despacio, sintiendo cómo el calor de la comida le devolvía la vida a su cuerpo.

Cuando terminó, se levantó y fue a la cama, agotado pero satisfecho. Se tumbó sobre las sábanas, cerrando los ojos, y en su mente, aún podía escuchar el rugido del mar, el aullido del viento, y el crujir de las olas contra el casco del barco. Sabía que esos sonidos siempre estarían con él, como recordatorios de la vida que había elegido, una vida de lucha constante contra los elementos, de batallas ganadas y perdidas en el gran océano.

Carlos se quedó dormido, sabiendo que, aunque la tormenta había terminado, el mar nunca descansaba. Había sobrevivido una vez más, y eso era suficiente. Pero el mar, siempre impredecible, siempre lleno de misterios, lo llamaría de nuevo, y él respondería, como lo había hecho durante toda su vida. Porque al final, el mar era todo lo que conocía, y todo lo que necesitaba.

The Last Storm

Carlos looked at the sky from the deck of the boat, feeling the salty wind beginning to swirl around him. The clouds, black and dense, were moving in from the horizon, threatening to unleash their full fury on the ocean. He was alone on his boat, a small fishing vessel that had belonged to his father and grandfather before him. The wood was worn by time and salt, but Carlos trusted his boat. He knew every crack, every notch in the hull. This boat had carried him through worse storms and had always brought him back safely.

Carlos was a man of few words, like his father and grandfather. Life at sea left little room for words. It was about action, about making quick decisions and facing the fury of nature with a calmness that only came with years of experience. Carlos had learned from a young age not to fear the sea, but to respect it. He knew the only way to survive the ocean was to understand that it was a living being, unpredictable and powerful.

The day had begun quietly. The sun had risen in the morning, painting the sky a clear blue that promised a fruitful day of fishing. But by midday, Carlos had noticed a change in the air. The wind had shifted, blowing stronger from the west than usual, and the birds, always faithful companions, had suddenly disappeared. Carlos knew that could only mean one thing: a storm.

He decided not to return to the coast immediately. He knew he still had time before the storm caught up with him. Besides, fishing had been scarce lately, and he needed a good day at sea more than ever. If he didn't return with enough fish, the week would be tough, both for him and for the small fishing community that depended on his catch.

For hours, Carlos cast and retrieved the nets, focused on his work, keeping an eye on the horizon where the clouds slowly approached. Finally, when the first drops of rain began to fall, he decided it was time to head back. He gathered the nets and started the boat's engine, steering it toward the coast that was now hidden in the mist.

The sea, which had been relatively calm in the morning, began to churn. The waves rose, hitting the hull of the boat hard, and the wind, once just a breeze, now blew with fury, tearing the rain from the sky in gusts that lashed Carlos's face. He covered himself with his old raincoat, gripping the helm with firm, experienced hands. It wasn't the first time he'd faced a storm at sea, and he knew what to do.

As the storm worsened, the world shrank to the small space of his boat, surrounded by a raging ocean. The waves rose like liquid walls, and every time the boat rose and fell with the movement of the sea, Carlos felt he was fighting an invisible enemy. The wind howled, and the rain fell in thick sheets that reduced visibility to almost nothing. But Carlos kept his course, hoping the old boat, which had survived so many other storms, would hold out once more.

The minutes dragged on as he fought the elements. At some point, he lost track of time. He only knew he had to keep going, had to hold on. The storm was relentless, but so was Carlos. He clung to the helm as if his life depended on it, because it did. He knew that if he lost control of the boat, if he let the storm push him off course, the consequences could be fatal.

The engine roared with effort, pushing the boat forward through the fury of the sea. But just as Carlos began to feel a glimmer of hope, an ominous sound echoed from the heart of the vessel. It was a deep creak, a groan of wood and metal that resonated above the roar of the storm. Carlos knew what it meant. The engine was failing.

The reality of the situation hit Carlos with the force of a wave. If the engine failed completely, he would be at the mercy of the sea, with no control over his fate. Stories of fishermen lost at sea crossed his mind, men who never returned, whose boats were found months later, shattered on distant shores. But Carlos was not a man who gave up easily. He gritted his teeth and prepared to do whatever it took to survive.

With the boat swaying dangerously, Carlos rushed to the engine compartment. Water sprayed everywhere, and the deck was slippery underfoot, but he managed to open the hatch and climb down into the narrow space where the engine groaned and sputtered. The heat was unbearable, mixed with the smell of oil and fuel. Carlos worked quickly, checking the components, searching for the cause of the problem. His hands moved with the precision of years of experience, but time was running out, and he knew it.

Finally, he found the problem: a broken valve, vital to the engine's operation. He had no spare, but that didn't stop him. He knew he had to improvise, that his life depended on it. With steady hands, he began working on a temporary solution, using the tools and spare parts he had on board. It wasn't a perfect fix, but he hoped it would be enough to keep the engine running until he reached land.

Time stretched out, and with each passing second, the storm seemed to intensify. But finally, Carlos heard the sound he'd been waiting for: the engine sputtered back to life, first with a shaky groan, then with a steady roar. It wasn't perfect, but it was running. He climbed back onto the deck, closing the hatch behind him, and headed for the helm, feeling a renewed sense of purpose.

The sea was still furious, but Carlos didn't let fear take over. With the engine running again, he steered the boat toward the coast, fighting every wave, every gust of wind. He knew he was close, even if he couldn't see land. He could feel it in his bones, in the way the waves shifted, in the direction of the wind. The old boat creaked and groaned, but it held firm, resisting every blow from the ocean.

And then, as if the sea itself had decided it had been enough, the storm began to ease. The waves lost their fury, the wind calmed, and the rain turned into a light drizzle. Carlos didn't let his guard down; he knew storms could have one last burst of fury before they died, but with each passing minute, the sea grew calmer.

Finally, the coast appeared on the horizon, dark and barely visible through the rain, but unmistakable. Carlos felt a wave of relief, but he didn't let it overwhelm him. He knew there was still work to be done. With careful movements, he guided the boat toward the harbor, maneuvering between the rocks that guarded the entrance. When he finally entered the bay, the water was almost as smooth as oil, and the wind was little more than a whisper.

He tied the boat to the dock with trembling, but firm hands. The storm had passed, but his body was still charged with the adrenaline of the fight. He stayed on the deck for a moment, breathing deeply, letting the cool night air fill his lungs. The village was silent, its lights shining in the distance like tiny beacons in the darkness. Carlos knew his day was over, that he had beaten the storm, but he also knew he would face others in the future.

He stepped off the boat, his boots echoing on the wooden dock. He headed toward his house, a small cabin on the edge of the village, where his wife waited with the same patience as always. They didn't exchange many words when he arrived. She served him a bowl of hot soup and sat beside him, in silence. Carlos ate slowly, feeling the warmth of the food bring life back into his body.

When he finished, he got up and went to bed, exhausted but satisfied. He lay down on the sheets, closing his eyes, and in his mind, he could still hear the roar of the sea, the howl of the wind, and the creak of the waves against the boat's hull. He knew those sounds would always be with him, as reminders of the life he had chosen, a life of constant struggle against the elements, of battles won and lost on the great ocean.

Carlos fell asleep, knowing that although the storm had passed, the sea never rested. He had survived once again, and that was enough. But the sea, always unpredictable, always full of mysteries, would call him again, and he would answer, as he had done all his life. Because in the end, the sea was all he knew, and all he needed.

El Silencio de la Arena

Isabella se adentró en el desierto al amanecer, cuando el cielo aún se aferraba a las últimas sombras de la noche. El aire estaba fresco, cargado con el aroma de tierra seca y el eco de la vastedad del desierto. Sus pasos eran silenciosos en la arena, apenas perturbados por el suave susurro del viento que movía las dunas. El sol estaba bajo en el horizonte, y su luz dorada pintaba el desierto con tonos cálidos, preparando el escenario para la jornada de trabajo.

Llevaba consigo solo lo esencial: una brújula antigua, un cuaderno de notas desgastado, una pequeña pala y una linterna. No había ningún asistente a su lado; Isabella prefería trabajar sola, en el silencio de la soledad que le ofrecía el desierto. Se dirigía hacia un sitio que había marcado en un mapa viejo, uno que había encontrado en un mercado de antigüedades en El Cairo. El mapa prometía un lugar de gran importancia histórica, perdido entre las dunas que se extendían interminablemente.

Isabella era una arqueóloga de renombre, conocida por su dedicación y por el rigor con el que abordaba sus excavaciones. Había trabajado en sitios importantes a lo largo de su carrera, pero el desierto siempre había sido su lugar favorito. Había algo en la vastedad del desierto que resonaba con ella, un silencio profundo que permitía escuchar los susurros del pasado.

Llegó al lugar señalado en el mapa después de una larga caminata. Era un pequeño claro rodeado por altas dunas de arena. En el centro del claro, había una serie de rocas dispersas que parecían formar un patrón, aunque el paso del tiempo y la arena habían alterado su forma. Isabella comenzó a trabajar, sacando su pala y empezando a desenterrar cuidadosamente la arena que cubría las rocas.

El trabajo era arduo y la arena se deslizaba entre sus dedos, pero Isabella lo hacía con paciencia. Sabía que las revelaciones más importantes a menudo requerían tiempo y esfuerzo. Mientras trabajaba, sus pensamientos viajaban a los años que había pasado en el campo, en excavaciones a lo largo y ancho del mundo. Recordaba las historias de civilizaciones perdidas y el fervor con el que había buscado respuestas en cada rincón desconocido. Pero el desierto tenía una cualidad especial, una capacidad de mantener secretos incluso cuando se pensaba que se había encontrado todo.

Después de varias horas de trabajo, el sol estaba alto en el cielo y el calor comenzaba a ser abrumador. Isabella tomó un descanso, se sentó en una piedra y sacó una botella de agua de su mochila. Miró a su alrededor, apreciando la inmensidad del desierto, el silencio interrumpido solo por el sonido del viento. De repente, vio algo que llamó su atención: una forma irregular en la arena, algo que no podía ser una roca ni un simple capricho de la naturaleza.

Se levantó y se acercó al objeto, que parecía parcialmente enterrado. Con cuidado, comenzó a despejar la arena alrededor de él. Era una caja de madera antigua, cubierta de polvo y arena, con intrincados grabados en su superficie. Isabella sintió un cosquilleo de anticipación. La caja estaba adornada con símbolos que no reconocía de inmediato, pero que parecían antiguos y significativos. Se dio cuenta de que esta podía ser una pieza importante, un hallazgo que podría cambiar el curso de su investigación.

La caja estaba sellada, y a pesar de sus esfuerzos por abrirla, no pudo hacerlo sin herramientas adecuadas. Decidió llevarla de vuelta a su campamento, donde podría examinarla con más cuidado. La tarde avanzaba rápidamente, y el sol comenzaba a descender. Isabella cargó la caja con dificultad y empezó a caminar de regreso a su campamento, sintiendo el peso de su descubrimiento tanto física como emocionalmente.

Al llegar al campamento, se sentó en su mesa improvisada bajo la sombra de una tienda de campaña. Sacó una pequeña caja de herramientas y comenzó a trabajar en la caja antigua. La tarde se convirtió en noche, y las estrellas comenzaron a brillar en el cielo despejado. Isabella tenía una lámpara de aceite encendida junto a ella, y la luz tenue creaba sombras danzantes alrededor del campamento.

Con cuidado y paciencia, Isabella logró abrir la caja. Dentro, encontró una serie de pergaminos enrollados, con sellos de cera intactos. El corazón le latía con fuerza mientras desenrollaba uno de los pergaminos. Los caracteres eran antiguos y desconocidos, pero la calidad del material y el cuidado con el que estaban escritos sugerían que eran extremadamente valiosos. La tinta aún era visible, y los dibujos y símbolos eran fascinantes.

Isabella trabajó hasta altas horas de la noche, tratando de descifrar los símbolos. Sabía que necesitaría la ayuda de expertos en lingüística antigua para interpretar completamente los textos, pero incluso sin una traducción completa, podía ver que estos pergaminos contenían información sobre una civilización perdida, una que había sido mencionada en los textos históricos pero nunca descubierta.

Al amanecer, Isabella decidió que debía continuar su trabajo. No podía quedarse en el campamento; debía regresar al sitio donde había encontrado la caja para buscar más pistas. Desempacó todo y volvió al claro con la esperanza de encontrar algo más. La jornada se desarrolló en silencio, con Isabella trabajando sin descanso, guiada por el mismo deseo de descubrir lo desconocido que la había impulsado a lo largo de su carrera.

El día avanzó lentamente, con el sol aumentando el calor del desierto. Isabella comenzó a encontrar más objetos enterrados: fragmentos de cerámica, pequeñas estatuillas y otros artefactos que indicaban la presencia de una antigua ocupación en el área. Cada descubrimiento añadía una pieza al rompecabezas, y la emoción de la exploración se mezclaba con la fatiga del trabajo.

Al atardecer, Isabella había reunido una colección considerable de artefactos. Estaba exhausta, pero su entusiasmo la mantenía en marcha. Decidió regresar al campamento y preparar todo para su regreso a la ciudad. Sabía que este hallazgo sería importante, que podría cambiar la comprensión de la historia antigua. Su mente estaba llena de teorías e ideas sobre lo que podría significar todo lo que había encontrado.

Mientras empaquetaba sus cosas, Isabella sintió una mezcla de satisfacción y cansancio. Había pasado días en el desierto, enfrentándose a las adversidades del clima y al desafío de desenterrar el pasado. Pero sabía que su trabajo estaba lejos de terminar. El verdadero desafío sería interpretar y comprender los hallazgos, y luego compartir esos descubrimientos con el mundo.

Cuando la noche se adueñó del desierto, Isabella se sentó frente a la fogata que había encendido. La luz de las llamas danzaba en su rostro, y el silencio del desierto se sentía profundo y reconfortante. Pensó en lo que le esperaba en la ciudad, en el trabajo que tendría que hacer para desentrañar los secretos de los pergaminos y los artefactos. Pero en ese momento, disfrutó del silencio, del descanso que le ofrecía el desierto.

Isabella sabía que la arqueología era una carrera de paciencia y perseverancia. Cada descubrimiento llevaba a nuevos desafíos, y cada desafío requería un esfuerzo renovado. Pero no había nada que deseara más que continuar su búsqueda, que enfrentar el silencio de la arena y desentrañar los secretos que guardaba. El desierto le había ofrecido una nueva pista, una nueva oportunidad para explorar y descubrir. Y en el silencio de la noche, Isabella se sintió en paz, lista para enfrentar lo que viniera, sabiendo que el verdadero tesoro no era solo lo que había encontrado, sino también el viaje que había hecho para llegar allí.

43

The Silence of the Sand

I sabella ventured into the desert at dawn, when the sky still clung to the last shadows of the night. The air was cool, filled with the scent of dry earth and the echo of the desert's vastness. Her steps were silent on the sand, barely disturbed by the gentle whisper of the wind shifting the dunes. The sun was low on the horizon, its golden light painting the desert with warm hues, setting the stage for the day's work.

She carried only the essentials: an old compass, a worn notebook, a small shovel, and a flashlight. There was no assistant by her side; Isabella preferred to work alone, in the solitude that the desert offered. She was heading toward a site marked on an old map she had found at an antique market in Cairo. The map promised a site of great historical importance, lost among the endless dunes.

Isabella was a renowned archaeologist, known for her dedication and the rigor with which she approached her excavations. She had worked at important sites throughout her career, but the desert had always been her favorite place. There was something about the vastness of the desert that resonated with her, a deep silence that allowed her to hear the whispers of the past.

She arrived at the site marked on the map after a long walk. It was a small clearing surrounded by high dunes. In the center of the clearing were a series of scattered rocks that seemed to form a pattern, though time and sand had altered their shape. Isabella began working, pulling out her shovel and starting to carefully remove the sand covering the rocks.

The work was arduous, and the sand slipped through her fingers, but Isabella did it with patience. She knew that the most important revelations often required time and effort. As she worked, her thoughts wandered to the years she had spent in the field, excavating sites across the world. She remembered the stories of lost civilizations and the fervor with which she had searched for answers in every unknown corner. But the desert had a special quality, a capacity to keep secrets even when it seemed everything had been found.

After several hours of work, the sun was high in the sky, and the heat began to be overwhelming. Isabella took a break, sitting on a rock and pulling out a bottle of water from her backpack. She looked around, appreciating the vastness of the desert, the silence broken only by the sound of the wind. Suddenly, she saw something that caught her attention: an irregular shape in the sand, something that couldn't be a rock or a mere quirk of nature.

She stood up and approached the object, which seemed partially buried. Carefully, she began to clear the sand around it. It was an old wooden box, covered in dust and sand, with intricate carvings on its surface. Isabella felt a thrill of anticipation. The box was adorned with symbols she didn't immediately recognize, but they seemed ancient and significant. She realized that this could be an important piece, a find that could change the course of her research.

The box was sealed, and despite her efforts to open it, she couldn't do so without proper tools. She decided to take it back to her camp, where she could examine it more carefully. The afternoon was advancing quickly, and the sun began to descend. Isabella carried the box with difficulty and started walking back to her camp, feeling the weight of her discovery both physically and emotionally.

Upon arriving at the camp, she set up her makeshift worktable under the shade of a tent. She pulled out a small toolbox and began working on the ancient box. The afternoon turned to night, and the stars began to shine in the clear sky. Isabella had an oil lamp lit beside her, and the dim light created dancing shadows around the camp.

With care and patience, Isabella managed to open the box. Inside, she found a series of rolled-up scrolls, with intact wax seals. Her heart raced as she unrolled one of the scrolls. The characters were ancient and unfamiliar, but the quality of the material and the care with which they were written suggested they were extremely valuable. The ink was still visible, and the drawings and symbols were fascinating.

Isabella worked late into the night, trying to decipher the symbols. She knew she would need the help of experts in ancient languages to fully interpret the texts, but even without a complete translation, she could see that these scrolls contained information about a lost civilization, one that had been mentioned in historical texts but never discovered.

At dawn, Isabella decided she had to continue her work. She couldn't stay at the camp; she needed to return to the site where she had found the box to search for more clues. She packed everything up and went back to the clearing with the hope of finding more. The day unfolded in silence, with Isabella working tirelessly, guided by the same desire to uncover the unknown that had driven her throughout her career.

The day passed slowly, with the sun increasing the desert's heat. Isabella began finding more buried objects: fragments of pottery, small figurines, and other artifacts indicating the presence of an ancient occupation in the area. Each discovery added a piece to the puzzle, and the excitement of exploration mingled with the fatigue of the work.

By evening, Isabella had gathered a considerable collection of artifacts. She was exhausted, but her enthusiasm kept her going. She decided to return to the camp and prepare everything for her return to the city. She knew this find would be important, that it could change the understanding of ancient history. Her mind was full of theories and ideas about what everything she had found might mean.

As she packed up her things, Isabella felt a mix of satisfaction and tiredness. She had spent days in the desert, facing the challenges of the climate and the task of uncovering the past. But she knew her work was far from over. The real challenge would be interpreting and understanding the finds, and then sharing those discoveries with the world.

When night fell over the desert, Isabella sat by the campfire she had started. The flames' light danced on her face, and the desert's silence felt deep and comforting. She thought about what awaited her in the city, the work she would have to do to unravel the secrets of the scrolls and artifacts. But at that moment, she enjoyed the silence, the rest that the desert offered.

Isabella knew that archaeology was a career of patience and perseverance. Each discovery led to new challenges, and each challenge required renewed effort. But there was nothing she desired more than to continue her search, to face the silence of the sand and uncover the secrets it held. The desert had given her a new clue, a new opportunity to explore and discover. And in the silence of the night, Isabella felt at peace, ready to face whatever came next, knowing that the true treasure was not just what she had found but also the journey she had taken to get there.

Sofía y el Último Tren

Sofía esperaba en la estación desierta mientras el sol se ocultaba detrás de las montañas. El lugar estaba bañado en la luz dorada del atardecer, y el silencio era casi total, roto solo por el murmullo lejano del río. La estación había visto tiempos mejores, de eso no había duda. Las maderas de la plataforma estaban desgastadas y las luces de los faroles parpadeaban con una luz tenue que parecía más una esperanza que una realidad. Sofía no podía recordar la última vez que había visto el tren llegar o salir de allí. Había algo en el lugar que hablaba de un pasado más vibrante, una época en la que el tren era el corazón de la estación y no simplemente una pieza olvidada del paisaje.

Ella estaba sola, y eso era lo que más le gustaba. En el desierto de la estación, podía sumergirse en sus pensamientos, en sus recuerdos, en su vida. Sofía era una mujer de más de cuarenta años, con una vida llena de cicatrices y de historias que nunca contaba a nadie. Había decidido esperar el tren no solo porque lo necesitaba, sino porque era el último tren de la noche y con él llegaba la oportunidad de ir a un lugar diferente, de cambiar algo, de romper con la monotonía que había comenzado a consumirla.

Miró el reloj y vio que faltaba menos de una hora para la llegada del tren. Era un tren de carga, uno de esos viejos trenes que recorrían las tierras secas y polvorientas, llevando mercancías de un lugar a otro. No había pasajeros, solo el ruido de las ruedas y el silbido lejano de la locomotora. Sofía había decidido tomar ese tren porque no había otro. No había otros destinos que pudieran ofrecerle la misma promesa de cambio, de escape.

Se inclinó contra una columna de la estación y sacó un cigarro de su bolso. Encendió el cigarro y dejó que el humo se mezclara con el aire fresco de la tarde. Mientras lo hacía, recordó los años que había pasado en la ciudad, en la rutina interminable de su vida. Se había mudado a un pequeño apartamento en la ciudad cuando era joven, y allí había trabajado en una oficina, día tras día. Conocía cada rincón de la ciudad, cada calle y cada rostro que pasaba por ella. La rutina había sido su compañera constante, y había llegado un momento en que comenzó a sentir que la ciudad era una cárcel de cemento que la atrapaba sin escape.

Había estado esperando una oportunidad para salir, para encontrar algo diferente, algo que la sacara de esa vida que había comenzado a desmoronarse. Y entonces, cuando escuchó hablar de ese último tren, supo que era su oportunidad. No sabía a dónde la llevaría, ni qué encontraría al final del viaje, pero no le importaba. La idea de salir, de ir a un lugar desconocido, le parecía una promesa de libertad, un susurro de esperanza en un mar de desesperanza.

El tren llegó al anochecer. Era un viejo monstruo de acero y madera, que parecía haber sido sacado de una película de otra era. El humo que emanaba de la locomotora se mezclaba con la oscuridad que caía sobre la estación. Sofía se acercó a la plataforma y observó cómo los vagones se alineaban lentamente, como si el tren mismo estuviera respirando después de un largo viaje.

Ella subió a bordo con un sentimiento de determinación. No había mucho en el tren, solo unas pocas cajas apiladas y un par de sillas desgastadas. Eligió un rincón apartado y se sentó, dejando que el tren la envolviera en su silencio. El ruido del motor y el traqueteo de las ruedas sobre las vías eran los únicos sonidos que la acompañaban. Era un ruido monótono y constante, un recordatorio de que estaba en movimiento, de que estaba dejando atrás algo, aunque no supiera exactamente qué.

Mientras el tren avanzaba, Sofía pensó en las personas que había dejado atrás. Pensó en sus amigos, en su familia, en aquellos que habían sido parte de su vida en la ciudad. Había tomado una decisión drástica al dejar todo atrás, y aunque sabía que era lo que necesitaba hacer, no podía evitar sentirse un poco nostálgica. Había cosas que no podía cambiar, cosas que había dejado atrás, y no sabía si alguna vez volvería a verlas.

A medida que el tren se adentraba en la noche, el paisaje a través de las ventanas se volvía cada vez más oscuro. Las luces de la estación desaparecieron en la distancia, y el tren se sumió en la oscuridad. Sofía se acomodó en su asiento, sintiendo la suave vibración del tren a medida que avanzaba. Miró por la ventana y vio cómo las sombras de la noche se deslizaban a su alrededor, como si el tren estuviera navegando por un mar oscuro e infinito.

El viaje parecía interminable. Sofía no podía saber si el tren avanzaba rápido o despacio, solo que estaba en movimiento, que estaba dejando atrás lo que conocía. Se preguntaba qué la esperaba al final del viaje, si encontraría la libertad que buscaba o simplemente un nuevo tipo de prisión. No tenía respuestas, solo la certeza de que necesitaba seguir adelante, de que necesitaba encontrar algo diferente.

La noche pasó lentamente. Sofía se quedó despierta, mirando las sombras bailar en las paredes del vagón. Pensaba en las historias que había escuchado sobre trenes y viajes, sobre la gente que había dejado todo atrás en busca de un nuevo comienzo. Se preguntaba si ella era como esas personas, si estaba buscando algo que no podía describir con palabras, algo que solo podía encontrar en el silencio del tren en movimiento.

Finalmente, el tren se detuvo en una estación pequeña y solitaria, muy diferente de la estación de su partida. Era una estación simple, con una sola plataforma y un par de edificios que parecían estar en ruinas. Sofía bajó del tren y miró a su alrededor. El aire era fresco y había un silencio profundo, solo interrumpido por el sonido lejano de la naturaleza.

Ella comenzó a caminar por la estación, explorando los alrededores. No había mucha gente, solo unos pocos locales que se movían con tranquilidad, como si el tiempo no tuviera prisa en ese lugar. Sofía se dirigió a una pequeña cafetería cerca de la estación, buscando algo de comer y tal vez un poco de conversación. Se sentó en una mesa junto a la ventana y pidió algo simple, un café y un panecillo. Mientras esperaba, miró a su alrededor y observó la tranquilidad del lugar.

La cafetería estaba decorada de manera sencilla, con muebles de madera y paredes adornadas con fotografías antiguas. Había algo en la decoración que le recordaba a tiempos pasados, a un mundo más simple y menos complicado. Sofía tomó un sorbo de su café y dejó que el calor de la bebida la reconfortara. Mientras lo hacía, comenzó a sentirse más tranquila, más en paz con su decisión de haber tomado el tren.

La dueña de la cafetería, una mujer mayor con una sonrisa amable, se acercó a ella y comenzaron a conversar. Sofía le explicó que había llegado en el tren y que estaba buscando un lugar para quedarse mientras exploraba la región. La mujer le ofreció una habitación en una casa cercana, y Sofía aceptó con gratitud.

Esa noche, Sofía se alojó en una pequeña casa en las afueras del pueblo. La casa era modesta, pero acogedora, con una habitación sencilla y una cama cómoda. Se acomodó en la cama y dejó que el cansancio la venciera. Mientras cerraba los ojos, sintió que el peso de la ciudad se desvanecía poco a poco, que las preocupaciones y el estrés se desmoronaban en la tranquilidad de la noche.

Al día siguiente, Sofía exploró el pueblo con calma. Se sorprendió al descubrir la belleza simple del lugar, sus paisajes tranquilos y su gente amable. Comenzó a familiarizarse con los rincones del pueblo, a conocer a las personas que vivían allí. Encontró una pequeña librería que se convirtió en su lugar favorito para pasar las tardes, y un parque tranquilo donde le gustaba caminar y reflexionar.

Con el tiempo, Sofía comenzó a sentirse parte del pueblo. Había encontrado un ritmo en su vida que le resultaba cómodo y satisfactorio. El lugar le ofrecía una tranquilidad que no había experimentado en años. Había encontrado un nuevo hogar, un lugar donde podía ser ella misma sin las presiones de la ciudad.

A medida que pasaban los meses, Sofía se dio cuenta de que el viaje en el tren no solo le había llevado a un lugar físico, sino también a un lugar dentro de ella misma. Había encontrado la paz que había estado buscando, la libertad que necesitaba para dejar atrás el pasado y comenzar de nuevo. El tren había sido el vehículo para su transformación, un símbolo de cambio y de esperanza.

Un día, mientras caminaba por el parque, Sofía pensó en el último tren, en la estación desierta y en el viaje que había tomado. Se dio cuenta de que, aunque había dejado mucho atrás, había ganado algo mucho más valioso: una nueva perspectiva de la vida, un sentido de pertenencia y una paz interior que nunca había conocido. El tren había llevado a Sofía a un nuevo comienzo, a una vida que estaba construyendo con cada día que pasaba.

Se quedó en el pueblo durante muchos años, y con el tiempo, se convirtió en una parte integral de la comunidad. Su vida en la ciudad quedó atrás, pero el recuerdo del tren y del viaje que había tomado siempre permaneció con ella. Era un recordatorio constante de que el cambio era posible, de que a veces era necesario dejar todo atrás para encontrar lo que realmente importaba.

Al final, Sofía miraba hacia atrás con una sonrisa, sabiendo que el último tren había sido el principio de una nueva vida, una vida llena de posibilidades y de paz. Había encontrado lo que había estado buscando, y eso le daba una satisfacción profunda que no se podía describir con palabras.

Sofía and the Last Train

Sofía waited at the deserted station as the sun sank behind the mountains. The place was bathed in the golden light of dusk, and the silence was almost complete, broken only by the distant murmur of the river. The station had seen better days, that was undeniable. The wooden platform was worn, and the lamp posts flickered with a faint light that seemed more a hope than a reality. Sofía couldn't remember the last time she had seen a train arrive or leave. There was something in the place that spoke of a more vibrant past, an era when the train was the heart of the station and not just a forgotten piece of the landscape.

She was alone, and that was what she liked most. In the desert of the station, she could immerse herself in her thoughts, in her memories, in her life. Sofía was a woman in her forties, with a life full of scars and stories she never told anyone. She had decided to wait for the train not only because she needed it but because it was the last train of the night and with it came the chance to go somewhere different, to change something, to break free from the monotony that had begun to consume her.

She glanced at her watch and saw there was less than an hour before the train arrived. It was a freight train, one of those old trains that traveled the dry, dusty lands, carrying goods from one place to another. There were no passengers, only the sound of wheels and the distant whistle of the locomotive. Sofía had decided to take this train because there were no others. There were no other destinations that could offer the same promise of change, of escape.

She leaned against a column of the station and took out a cigarette from her bag. She lit the cigarette and let the smoke mix with the cool evening air. As she did, she recalled the years she had spent in the city, in the endless routine of her life. She had moved into a small apartment in the city when she was young, and there she had worked in an office, day after day. She knew every corner of the city, every street and every face that passed by. The routine had been her constant companion, and there had come a moment when she began to feel that the city was a concrete prison trapping her with no escape.

She had been waiting for an opportunity to leave, to find something different, something that would take her out of the life that had begun to crumble. And then, when she heard about the last train, she knew it was her chance. She didn't know where it would take her or what she would find at the end of the journey, but she didn't care. The idea of leaving, of going to an unknown place, seemed to her a promise of freedom, a whisper of hope in a sea of despair.

The train arrived at dusk. It was an old monster of steel and wood, looking as if it had been taken from a film from another era. The smoke coming from the locomotive blended with the darkness falling over the station. Sofía approached the platform and watched as the wagons slowly aligned, as if the train itself were breathing after a long journey.

She boarded with a sense of determination. There wasn't much on the train, only a few stacked crates and a couple of worn-out seats. She chose a secluded corner and sat down, letting the train envelop her in its silence. The noise of the engine and the clattering of the wheels on the tracks were the only sounds accompanying her. It was a monotonous and constant noise, a reminder that she was in motion, that she was leaving something behind, even though she didn't know exactly what.

As the train moved on, Sofía thought about the people she had left behind. She thought of her friends, her family, those who had been part of her life in the city. She had made a drastic decision to leave everything behind, and although she knew it was what she needed to do, she couldn't help but feel a bit nostalgic. There were things she couldn't change, things she had left behind, and she didn't know if she would ever see them again.

As the night deepened, the landscape outside the windows grew darker. The station lights disappeared in the distance, and the train sank into darkness. Sofía settled into her seat, feeling the gentle vibration of the train as it moved on. She looked out the window and saw the shadows of the night sliding past, as if the train were sailing through an endless, dark sea.

The journey seemed endless. Sofía couldn't tell if the train was moving fast or slow, only that it was in motion, that it was leaving behind what she knew. She wondered what awaited her at the end of the journey, whether she would find the freedom she sought or simply a new kind of prison. She had no answers, only the certainty that she needed to move forward, to find something different.

The night passed slowly. Sofía stayed awake, watching the shadows dance on the walls of the carriage. She thought about the stories she had heard about trains and journeys, about people who had left everything behind in search of a new beginning. She wondered if she was like those people, if she was searching for something that couldn't be described in words, something that could only be found in the silence of a moving train.

Finally, the train stopped at a small, lonely station, very different from the station she had left. It was a simple station, with a single platform and a few buildings that looked to be in disrepair. Sofía got off the train and looked around. The air was fresh, and there was a profound silence, only interrupted by the distant sounds of nature.

She began to explore the station, wandering the surroundings. There weren't many people, just a few locals moving leisurely, as if time had no hurry in this place. Sofía headed to a small café near the station, seeking something to eat and perhaps a bit of conversation. She sat at a table by the window and ordered something simple, a coffee and a roll. While waiting, she looked around and observed the calmness of the place.

The café was simply decorated, with wooden furniture and walls adorned with old photographs. There was something in the décor that reminded her of past times, a world simpler and less complicated. Sofía took a sip of her coffee and let the warmth of the drink comfort her. As she did, she began to feel more at ease, more at peace with her decision to have taken the train.

The café's owner, an elderly woman with a kind smile, approached her, and they started to chat. Sofía explained that she had arrived on the train and was looking for a place to stay while she explored the area. The woman offered her a room in a nearby house, and Sofía accepted with gratitude.

That night, Sofía stayed in a small house on the outskirts of the village. The house was modest but cozy, with a simple room and a comfortable bed. She settled into the bed and let the fatigue overtake her. As she closed her eyes, she felt the weight of the city gradually fading away, as if the worries and stress were disintegrating in the tranquility of the night.

The next day, Sofía explored the village at a leisurely pace. She was surprised to discover the simple beauty of the place, its peaceful landscapes and its friendly people. She began to familiarize herself with the corners of the village, getting to know the people who lived there. She found a small bookstore that became her favorite spot to spend afternoons, and a quiet park where she liked to walk and reflect.

Over time, Sofía began to feel part of the village. She had found a rhythm in her life that was comfortable and satisfying. The place offered her a tranquility she hadn't experienced in years. She had found a new home, a place where she could be herself without the pressures of the city.

As months passed, Sofía realized that the journey on the train had not only taken her to a physical place but also to a place within herself. She had found the peace she had been searching for, the freedom she needed to leave behind the past and start anew. The train had been the vehicle for her transformation, a symbol of change and hope.

One day, while walking in the park, Sofía thought about the last train, the deserted station, and the journey she had taken. She realized that, although she had left much behind, she had gained something much more valuable: a new perspective on life, a sense of belonging, and an inner peace she had never known. The train had led Sofía to a new beginning, a life she was building with each passing day.

She stayed in the village for many years, and over time, she became an integral part of the community. Her life in the city was behind her, but the memory of the train and the journey she had taken always remained with her. It was a constant reminder that change was possible, that sometimes it was necessary to leave everything behind to find what truly mattered.

In the end, Sofía looked back with a smile, knowing that the last train had been the beginning of a new life, a life filled with possibilities and peace. She had found what she had been searching for, and that gave her a deep satisfaction that couldn't be described in words.

El Desierto

Adriana siempre había tenido un profundo amor por el desierto. Desde que era niña, había escuchado historias sobre sus vastas extensiones y su belleza implacable. Su abuelo solía contarle relatos de cómo el sol se desvanecía lentamente en el horizonte y cómo la luna ascendía con una calma majestuosa, iluminando la arena con su luz fría y serena. Esas historias eran su consuelo, su refugio cuando el mundo le parecía demasiado pequeño y ruidoso. Ahora, a los treinta y cinco años, Adriana había decidido finalmente enfrentarse al desierto que siempre había sido parte de sus sueños.

Ella había llegado al pequeño pueblo de San Rafael, un punto de partida para los viajeros que se aventuraban más allá en el vasto desierto de Sonora. El sol estaba en lo alto, y el calor abrasador era casi palpable, como una manta de fuego que envolvía todo a su alrededor. San Rafael era un lugar simple: un par de casas, una tienda de comestibles, y una estación de gasolina que también hacía las veces de pequeño bar. La gente era amable pero reservada, acostumbrada a la presencia ocasional de turistas y aventureros que llegaban con grandes expectativas y se iban con historias aún mayores.

Adriana se alojó en un modesto hotel del pueblo, uno de esos lugares que parecían haber sido construidos con un sentido de funcionalidad más que de confort. Las paredes estaban pintadas de blanco, y el mobiliario era rudimentario, pero el lugar tenía un encanto rústico que a Adriana le resultaba acogedor. Había venido a buscar algo más que un simple escape; quería entender el desierto, sumergirse en su silencio y encontrar una paz que había eludido durante años.

La mañana siguiente, Adriana se levantó temprano. Salió al exterior y sintió el aire caliente en su rostro. Decidió tomar un pequeño recorrido por el pueblo antes de aventurarse en el desierto. Caminó por las calles polvorientas, observando las casas de adobe y los jardines descuidados que parecían estar en armonía con el paisaje seco. Se dirigió a la tienda de comestibles y compró provisiones para su viaje: agua, algunos alimentos no perecederos, y una brújula antigua que había visto en la vitrina de la tienda. El dueño, un hombre mayor con una barba canosa y ojos sabios, le deseó buena suerte y le advirtió sobre los peligros del desierto, pero Adriana lo escuchó con una sonrisa tranquila. Sabía que el desierto no era un lugar para temer, sino para respetar.

El mediodía llegó con un calor que hacía que el aire pareciera vibrar. Adriana subió a su viejo jeep, el único vehículo que podía soportar las duras condiciones del desierto, y comenzó su viaje hacia el norte. A medida que se adentraba en el desierto, el paisaje se volvía cada vez más árido. Las dunas de arena se extendían hasta donde alcanzaba la vista, y las rocas desnudas se alzaban como guardianes silenciosos de un mundo que parecía haber sido olvidado por el tiempo.

Adriana condujo durante horas, siguiendo las huellas de otras ruedas que se habían adentrado en el desierto antes que ella. Su brújula era su guía, y el sol su referencia constante. El desierto, en su inmensidad, parecía ofrecer una especie de libertad, una liberación de las limitaciones impuestas por la vida cotidiana. A veces, al mirar hacia el horizonte, Adriana sentía como si estuviera viajando hacia un lugar fuera del tiempo, un lugar donde la vida se reducía a lo esencial y cada momento tenía un peso significativo.

Al caer la tarde, el sol comenzó a descender, y el cielo se transformó en una paleta de colores cálidos: rojos, naranjas y dorados. Adriana encontró un lugar adecuado para acampar, una pequeña hondonada rodeada de rocas que ofrecería algo de protección contra el viento. Preparó su campamento con cuidado, montando la tienda de campaña y encendiendo una pequeña fogata. El crepitar del fuego y el aroma de las brasas eran reconfortantes, y mientras comía una sencilla cena de conservas, sintió una profunda conexión con el desierto.

La noche cayó y el desierto se sumió en una calma profunda. Las estrellas comenzaron a brillar en el cielo despejado, como miles de pequeños diamantes que adornaban el manto oscuro de la noche. Adriana se recostó en el suelo, mirando hacia arriba. La inmensidad del cielo la hacía sentir pequeña, insignificante, pero también parte de algo mucho más grande. La tranquilidad del desierto era una medicina para su alma, un remedio para las preocupaciones y el estrés que había acumulado a lo largo de los años.

Mientras el fuego se apagaba lentamente, Adriana pensó en su vida antes de este viaje. Había trabajado en una oficina durante más de una década, atrapada en una rutina que había comenzado a sentirse asfixiante. Había intentado encontrar satisfacción en los pequeños placeres, en los momentos fugaces de felicidad, pero siempre volvía a la misma sensación de vacío. Había sentido que el desierto era su última oportunidad para encontrar lo que le faltaba, para entender su lugar en el mundo.

Las primeras luces del amanecer comenzaron a iluminar el desierto, y Adriana se despertó con el sonido del viento y el canto de los pájaros. Preparó un café mientras el sol ascendía, y luego se dirigió a explorar los alrededores. El desierto en la mañana tenía una belleza fresca y renovada. Las dunas de arena, iluminadas por la luz suave del sol naciente, brillaban como oro. El aire era más fresco y el desierto parecía despertar lentamente de su sueño nocturno.

Adriana comenzó a caminar, siguiendo un sendero que se abría a través de las dunas. Sus pasos eran firmes y decididos, y el silencio que la rodeaba era casi palpable. A medida que avanzaba, se dio cuenta de que el desierto estaba lleno de pequeños detalles que a menudo pasaban desapercibidos:

las huellas de los animales en la arena, las plantas resistentes que se aferraban a la vida en medio de la aridez, y las piedras de formas extrañas que parecían contar historias de eras pasadas.

Después de varias horas de caminata, Adriana se encontró frente a una formación rocosa inusual. Las rocas se alzaban en un patrón que parecía casi artificial, como si hubieran sido esculpidas por una mano invisible. Se acercó y vio que había una cueva pequeña en la base de la formación. Decidió explorarla, sintiendo una mezcla de curiosidad y respeto por el lugar.

Dentro de la cueva, encontró un espacio oscuro y fresco. Al encender una linterna, vio que las paredes estaban cubiertas de antiguas pinturas rupestres. Las imágenes eran simples pero evocadoras: figuras humanas, animales y símbolos que contaban historias de un tiempo antiguo. Adriana se quedó fascinada, observando los dibujos que parecían haber sido creados con una intención profunda y duradera. Se dio cuenta de que el desierto no solo era un lugar de soledad y silencio, sino también de historia y misterio.

Pasó el día explorando la cueva y los alrededores. Encontró más pinturas y fragmentos de herramientas antiguas, pruebas de que el desierto había sido habitado por personas en tiempos remotos. Cada descubrimiento le daba una nueva perspectiva sobre el desierto, un lugar que había sido parte del mundo durante mucho tiempo antes de que ella llegara.

Al caer la tarde, regresó a su campamento. El desierto en el crepúsculo tenía un aire de calma reverente. Preparó una cena sencilla y se sentó junto al fuego, reflexionando sobre su día. El desierto le había ofrecido algo que no había encontrado en ningún otro lugar: una conexión con el pasado y una sensación de pertenencia a un mundo más grande.

Durante las siguientes semanas, Adriana continuó su exploración. Visitó más formaciones rocosas, descubrió oasis escondidos y encontró vestigios de antiguos asentamientos. Cada día era una nueva aventura, y el desierto parecía cambiar constantemente, revelando nuevos secretos y sorpresas. Adriana se dio cuenta de que había encontrado lo que había estado buscando: un sentido de propósito y una conexión profunda con la tierra.

Un día, mientras caminaba por una duna particularmente alta, Adriana se detuvo para observar el horizonte. El sol estaba a punto de ponerse, y el cielo se teñía de un rojo profundo. Se dio cuenta de que su viaje no solo le había enseñado sobre el desierto, sino también sobre ella misma. Había aprendido a apreciar la soledad, a encontrar paz en el silencio y a valorar cada momento como una oportunidad para descubrir algo nuevo.

A medida que el sol se ocultaba y la noche comenzaba a caer, Adriana sintió una profunda gratitud por su experiencia en el desierto. Había encontrado lo que había estado buscando durante tanto tiempo, y el desierto le había dado una nueva perspectiva sobre la vida. Sabía que pronto tendría que regresar a su antigua vida, pero también sabía que el desierto siempre sería una parte de ella, un lugar al que podría regresar en sus pensamientos y recuerdos.

Cuando el último resplandor del sol se desvaneció en el horizonte y las estrellas comenzaron a brillar en el cielo nocturno, Adriana se sentó junto a su fogata y miró hacia arriba. El desierto, en su vastedad y misterio, había cumplido su promesa. Le había dado una nueva forma de ver el mundo y le había enseñado a encontrar la paz en los lugares más inesperados.

Al final, Adriana comprendió que el desierto no era solo un lugar físico, sino un estado mental, una forma de ver la vida con claridad y simplicidad. Había encontrado en el desierto una parte de sí misma que había estado oculta durante años, y esa parte estaba en paz. Con una sonrisa, se recostó en el suelo, mirando las estrellas, y supo que había encontrado lo que había venido a buscar.

The Desert

———

Adriana had always harbored a deep love for the desert. Since childhood, she had heard stories about its vast expanses and its relentless beauty. Her grandfather used to tell her tales of how the sun would slowly fade behind the horizon and how the moon would rise with a majestic calm, casting a cold and serene light on the sand. Those stories were her solace, her refuge when the world seemed too small and noisy. Now, at thirty-five, Adriana had finally decided to face the desert that had always been part of her dreams.

She had arrived in the small town of San Rafael, a starting point for travelers venturing further into the vast Sonoran Desert. The sun was high, and the scorching heat was almost tangible, like a blanket of fire enveloping everything around. San Rafael was a simple place: a couple of houses, a grocery store, and a gas station that also served as a small bar. The people were friendly but reserved, used to the occasional presence of tourists and adventurers who came with high expectations and left with even greater stories.

Adriana stayed in a modest hotel in town, one of those places that seemed to have been built with functionality more than comfort in mind. The walls were painted white, and the furniture was rudimentary, but the place had a rustic charm that Adriana found comforting. She had come not only for an escape but to understand the desert, to immerse herself in its silence, and to find a peace that had eluded her for years.

The next morning, Adriana woke early. She stepped outside and felt the hot air on her face. She decided to take a brief tour around the town before venturing into the desert. She walked down the dusty streets, observing the adobe houses and the overgrown gardens that seemed to be in harmony with the dry landscape. She headed to the grocery store and bought supplies for her journey: water, some non-perishable foods, and an old compass she had seen in the store's display case. The owner, an elderly man with a gray beard and wise eyes, wished her good luck and warned her about the desert's dangers, but Adriana listened with a calm smile. She knew the desert was not a place to fear, but to respect.

Noon arrived with a heat that made the air seem to shimmer. Adriana climbed into her old jeep, the only vehicle sturdy enough to endure the harsh conditions of the desert, and began her journey north. As she ventured deeper into the desert, the landscape grew increasingly barren. Sand dunes stretched as far as the eye could see, and naked rocks rose like silent guardians of a world that seemed to have been forgotten by time.

Adriana drove for hours, following the tracks of other wheels that had ventured into the desert before her. Her compass was her guide, and the sun was her constant reference. The desert, in its vastness, offered a kind of freedom, a release from the constraints of everyday life. Sometimes, as she looked toward the horizon, she felt as if she were traveling to a place outside of time, a place where life was reduced to the essentials and every moment held significant weight.

As evening fell, the sun began to dip, and the sky turned into a palette of warm colors: reds, oranges, and golds. Adriana found a suitable spot to camp, a small hollow surrounded by rocks that would offer some protection against the wind. She set up her camp carefully, pitching her tent and starting a small fire. The crackling of the fire and the smell of the embers were comforting, and as she ate a simple meal of canned goods, she felt a deep connection to the desert.

Night fell and the desert sank into a profound calm. The stars began to shine in the clear sky, like thousands of tiny diamonds adorning the dark mantle of the night. Adriana lay on the ground, looking up. The vastness of the sky made her feel small, insignificant, but also part of something much larger. The tranquility of the desert was a balm for her soul, a remedy for the worries and stress she had accumulated over the years.

As the fire slowly burned out, Adriana thought about her life before this journey. She had worked in an office for over a decade, trapped in a routine that had begun to feel stifling. She had tried to find satisfaction in small pleasures, in fleeting moments of happiness, but always returned to the same sense of emptiness. She felt that the desert was her last chance to find what was missing, to understand her place in the world.

The first light of dawn began to illuminate the desert, and Adriana woke to the sound of the wind and the songs of the birds. She made coffee while the sun rose and then set out to explore the surroundings. The desert in the morning had a fresh, renewed beauty. The sand dunes, illuminated by the soft morning sun, gleamed like gold. The air was cooler, and the desert seemed to slowly awaken from its nighttime slumber.

Adriana began to walk, following a path through the dunes. Her steps were firm and determined, and the silence that surrounded her was almost tangible. As she advanced, she realized that the desert was full of small details often overlooked: animal tracks in the sand, resilient plants clinging to life amid the aridness, and oddly shaped stones that seemed to tell stories of past eras.

After several hours of walking, Adriana found herself in front of an unusual rock formation. The rocks rose in a pattern that seemed almost artificial, as if sculpted by an invisible hand. She approached and saw that there was a small cave at the base of the formation. Deciding to explore it, she felt a mixture of curiosity and respect for the place.

Inside the cave, she found a dark and cool space. When she turned on her flashlight, she saw that the walls were covered with ancient cave paintings. The images were simple but evocative: human figures, animals, and symbols that told stories of a bygone era. Adriana was captivated, observing the drawings that seemed to have been created with a deep and lasting intention. She realized that the desert was not just a place of solitude and silence but also of history and mystery.

She spent the day exploring the cave and its surroundings. She found more paintings and fragments of ancient tools, evidence that the desert had been inhabited by people in remote times. Each discovery gave her a new perspective on the desert, a place that had been part of the world long before she arrived.

As evening approached, she returned to her camp. The desert at twilight had an air of reverent calm. She prepared a simple dinner and sat by the fire, reflecting on her day. The desert had offered her something she had not found elsewhere: a connection to the past and a sense of belonging to a larger world.

Over the next few weeks, Adriana continued her exploration. She visited more rock formations, discovered hidden oases, and found traces of ancient settlements. Each day was a new adventure, and the desert seemed to constantly change, revealing new secrets and surprises. Adriana realized she had found what she had been searching for: a sense of purpose and a deep connection to the land.

One day, while climbing a particularly high dune, Adriana stopped to look at the horizon. The sun was about to set, and the sky was turning a deep red. She realized that her journey had not only taught her about the desert but also about herself. She had learned to appreciate solitude, to find peace in silence, and to value each moment as an opportunity to discover something new.

As the sun disappeared below the horizon and the stars began to shine in the night sky, Adriana sat by her fire and looked up. The desert, in its vastness and mystery, had fulfilled its promise. It had given her a new way of seeing the world and had taught her to find peace in the most unexpected places.

In the end, Adriana understood that the desert was not just a physical place but a mental state, a way of seeing life with clarity and simplicity. She had found in the desert a part of herself that had been hidden for years, and that part was at peace. With a smile, she lay on the ground, gazing at the stars, and knew she had found what she had come to seek.